सूफ़ी संत

रूमी

सूफ़ियाना कलाम

राजपाल

सूफ़ी संत

रूमी

सूफ़ियाना कलाम

संकलन एवं अनुवाद

विश्वनाथ

स्थापित 1912
100 वर्षों की
श्रेष्ठ प्रकाशन परम्परा
राजपाल

₹ 299

ISBN : 9788170288800

ROOMI (Poetry) by Vishwanath

मुद्रक : Nutech Print Services Pvt. Ltd.

राजपाल एण्ड सन्ज़

1590, मदरसा रोड, कश्मीरी गेट, दिल्ली-110006

फोन : 011-23869812, 23865483, 23867791

e-mail : sales@rajpalpublishing.com

www.rajpalpublishing.com

www.facebook.com/rajpalandsons

रूमी और उनका सूफ़ियाना कलाम

विश्व के सबसे लोकप्रिय सूफ़ी कवि जलालुद्दीन रूमी अपना परिचय स्वयं देते हुए कहते हैं:

I am neither Christian nor Jew
Neither Persian nor Muslim
I am neither of the East nor of the West
Neither from Earth nor from Oceans

न मैं ईसाई हूँ, न यहूदी
न पर्शियन, न मुस्लिम
न पूर्व से, न पश्चिम से
न मैं जल से हूँ—न थल से

वह नहीं मानते हैं कि उन्हें किसी मतविशेष या विश्वास की परिधि में समेटा जा सकता है। वह इससे भी इंकार करते हैं कि समय या अंतराल की कोई ज़ंजीर उन्हें बांध सकती है।

जलालुद्दीन रूमी (1207–1273) का जन्म फ़ारस में हुआ। मंगोलों के आक्रमण से बचते हुए, इनका परिवार अपनी पैतृक भूमि खुरासान

छोड़कर कोन्या आकर बस गया। कोन्या आज का तुर्किस्तान है जिसे रोम भी कहा जाता है। इस कारण इनका नाम रूमी पड़ा। इनकी प्रारम्भिक शिक्षा पारम्परिक इस्लामी ढंग से हुई।

आज से करीब आठ सौ वर्ष पहले जन्मे रूमी ने धर्म, देश और काल की सभी बाधाओं को लांघ कर अपनी रुबाइयों और ग़ज़लों से ऐसा सूफ़ीवाद फैलाया कि वे संसार के सभी देशों में, विशेषकर अमेरिका में, सबसे अधिक पढ़े जाने वाले कवि माने जाते हैं। उनका सूफ़ियाना कलाम सैकड़ों वर्षों से लोकप्रिय है। उनके शब्दों ने विभिन्न संस्कृतियों वाले पाठकों के मन को एक समान छुआ है। आध्यात्मिक प्रेम के सहज अतिरेक और उसके वैभव से जितना समृद्ध हमें रूमी ने किया है, उतना और कोई नहीं कर सका है।

1995 में यूनिवर्सिटी ऑफ जॉर्जिया के प्रोफेसर कोलमैन बाकर्स ने रूमी की रुबाइयों और ग़ज़लों का अंग्रेज़ी अनुवाद 'द एसंशियल रूमी' (The Essential Rumi) के नाम से किया। उनसे पहले भी कुछेक अमेरिकी विद्वानों ने रूमी पर काम किया था।

कोलमैन बाकर्स उन दिन को याद करते हैं जब रूमी की कविताओं के 19वीं सदी के अनुवाद की एक जीर्णशीर्ण प्रति लिए अमेरिकी कवि रॉबर्ट उनके यहां आए और उन्हें एक कुर्सी पर बिठाते हुए बोले, "जब तक मैं इसमें से कविताएं सुनाता रहूं, तुम अपनी जगह से मत हिलना।"

बरसों बाद बॉकर्स ने इस घटना के बारे में लिखा, "मैं कैसे हिलता? मैं तो मंत्रमुग्ध होकर राबर्ट के मुंह से कविताएं सुन रहा था।" और फिर उन्होंने हुक्म-सा दिया, "ये कविताएं पिंजड़े में फड़फड़ा रही हैं। इन्हें आज़ाद करो, इन्हें अपने शब्दों में वाणी दो!"

पश्चिम में रूमी की लोकप्रियता का आलम यह है कि बी.बी.सी. उन्हें अमेरिका में सबसे लोकप्रिय कवि बताता है तो 'क्रिश्चियन साइन्स मानीटर' जैसी प्रतिष्ठित पत्रिका उन्हें अमेरिका में सबसे

ज़्यादा बिकने वाला कवि घोषित करती है। रूमी के महत्त्व को स्वीकार करते हुए यूनेस्को ने वर्ष 2007 को 'रूमी वर्ष' मनाने की घोषणा की थी।

यहाँ उमर ख़य्याम की विश्वप्रसिद्ध रुबाइयों का ज़िक्र करना चाहूँगा जिन्हें अपने समय में रूमी की रचनाओं की तरह ही लोकप्रियता मिली थी, विशेषकर जब अमेरिकी लेखक एफ़.स्कॉट फिट्ज़ज़ेरल्ड द्वारा इन रुबाइयों का बहुत ही सुन्दर अनुवाद अंग्रेज़ी में प्रकाशित हुआ था।

रूमी और उमर ख़य्याम की शायरी में एक मूल अंतर है। जहाँ रूमी अध्यात्म, ईश्वर और दैवी प्रेम की बात करते हैं, उमर ख़य्याम की अधिकांश रुबाइयाँ साक़ी, मयख़ाना और ऐहिक प्रेम से संबंधित हैं, भले ही उनमें अध्यात्म का भी रंग है। कहा यह भी जाता है कि फिट्ज़ज़ेरल्ड ने अपने अनुवाद में कुछ अधिक ही स्वच्छंदता से काम लिया और अनेक रुबाइयों में उमर ख़य्याम के विचारों के स्थान पर अपने मनमाने विचार दे दिए।

रूमी के 400 वर्ष बाद भारत के प्रसिद्ध सूफ़ी संत बुल्लेशाह (सन् 1680–1758) का जन्म हुआ था। उनकी लोकप्रिय काफ़ियों (शायरी का एक प्रकार) में निहित विचार पूरी तरह सूफ़ी विचारधारा से प्रभावित है। आज पाकिस्तान में, भारत में तथा अन्य देशों में भी, बुल्लेशाह की काफ़ियाँ लोकप्रिय हैं, जिनमें भक्ति और वैराग्य का मिश्रण है। बुल्लेशाह का जन्म बहावलपुर (पाकिस्तान) में हुआ था और उनकी क़ब्र कसूर (पाकिस्तान) में है, जो बुल्लेशाह के मुरीदों के लिए एक तीर्थस्थान के समान है। यह कहना न्यायोचित होगा कि बुल्लेशाह भारत में तथा पाकिस्तान में सूफ़ी विचारधारा के वाहक हैं।

कहते हैं कि बादशाह अकबर का नाम जलालुद्दीन के प्रभाव में ही

जलालुद्दीन अकबर हुआ। और, सर्वधर्मसमभाव पर आधारित 'दीन-ए-इलाही' नाम से जिस विचारधारा का अकबर ने प्रचार किया, वह भी रूमी की सूफ़ी विचारधारा से ही प्रभावित थी।

रूमी की प्रसिद्ध कृति 'मसनवी' में पच्चीस हज़ार से ज़्यादा कविताएँ हैं। इस 'मसनवी' को अध्यात्म की एक अद्वितीय रचना कहा जाता है। रूमी का रचना-संसार 'द सूफ़ी वे' (The Sufi way) से लेकर 'लिविंग इन द स्पिरिट' (Living in the Spirit) तक में भावात्मक रूप से फैला हुआ है। प्रस्तुत संकलन में वे ही रचनाएँ चुनी गई हैं, जिनमें मौलिक रचनाओं का स्पंदन है तथा जो गहरे विवेक का सौन्दर्य और रसास्वादन हमें देती हैं।

रूमी केवल 60 वर्ष ही जी पाए। उनकी क़ब्र पर लगे शिलालेख में लिखा है–

मौत के बाद मुझे क़ब्र मिले न मिले
मौत के बाद लोगों के दिलों में तो मैं बना रहूँगा

'सूफ़ी' शब्द के प्रचलन के पीछे अरबी शब्द 'सूफ़' का प्रभाव है। सूफ़ का अर्थ है मोटा कपड़ा जो ऊन से बनता है। यह ऊन बकरी या भेड़ के बालों से बनती है। सूफ़ी लोग अत्यंत सादा, मोटी ऊन से बना एक बड़ा-सा चोगा पहनते थे।

सूफ़ी नृत्य भी अपनी विशेषता के कारण जगत्-प्रसिद्ध है। वे गोलाकार चक्कर बनाकर, गोल-गोल घूमते हैं, समूह में। साथ में होता है उनका विशेष वाद्य। इस नृत्य में सूफ़ी नर्तकों के साथ उनके लंबे चोगे भी मनमोहक अंदाज़ में घूमने लगते हैं। इस नृत्य को 'समा' कहते हैं।

सूफ़ी दर्शन और संगीत दो अभिन्न चीज़ें हैं। सूफ़ियों में 'हाल' की

स्थिति में पहुंचने के लिए 'ज़िक्र' और 'मुराक़बा' के अलावा 'समा' (शाब्दिक अर्थ सुनना) तीसरा ज़रिया है। सूफ़ियों में 'समा' गायन, वादन, सस्वर पाठ से 'हाल' की स्थिति उभरती है, जिसमें डूबकर वे खुद-ब-खुद नाचने लगते हैं।

संगीत के साथ नाच (रक़्स) का भी उतना ही महत्त्व है। यह चक्रफेरी नाच-समा, जिसे आजकल दर्वेश नृत्य या फिर पश्चिम में 'वर्लिंग दरवेश' भी कहा जा रहा है टर्की और सूडान में बहुत प्रचलित है—एक ही स्थान पर दृष्टि जमाए, संगीत के सुरों के साथ झूमझूम कर नृत्य करना।

मैं उन सब साहित्यकारों के प्रति कृतज्ञ हूँ जिन्होंने रूमी का गहरा अध्ययन किया है और जिनकी पुस्तकों को मैंने आधार मानकर उनमें से अपनी पसंद के सूफ़ियाना पद्य हिन्दी में भावांतरित किए हैं।

1 एप्रिल 2011 —विश्वनाथ

बिना स्याही और बिना शब्दों
के लिखी जाती है
सूफ़ी की किताब

पहाड़ों में गिरती बर्फ़ के समान
साफ़-सुथरे कोरे पृष्ठ हैं उसकी किताब के
उसके हृदय की ही तरह

पक्षी है आत्मा
शरीर ज़ंजीर के समान
जो पक्षी के पांव में पड़ी है
उड़े तो कैसे
पाँव में ज़ंजीर और पंख कटे हुए

सूर्य एक ही है
उसकी किरणें असंख्य हैं
सूर्य इनके कारण बंटता नहीं

शरीर अनेक हैं
आत्मा तो एक ही है
जैसे सूर्य एक है
किरणें असंख्य

अब एक भी शब्द नहीं कहूँगा
लगेगा कि मैं कुछ कह रहा हूँ
यह तो तेरा प्यार है
जो मेरे होंठों पर छलक रहा है

मेरे मरने पर
जला देना मुझे
मेरे शरीर से जो धुआँ उठेगा
वह आकाश पर लिख देगा
तेरा नाम, तेरा ही नाम

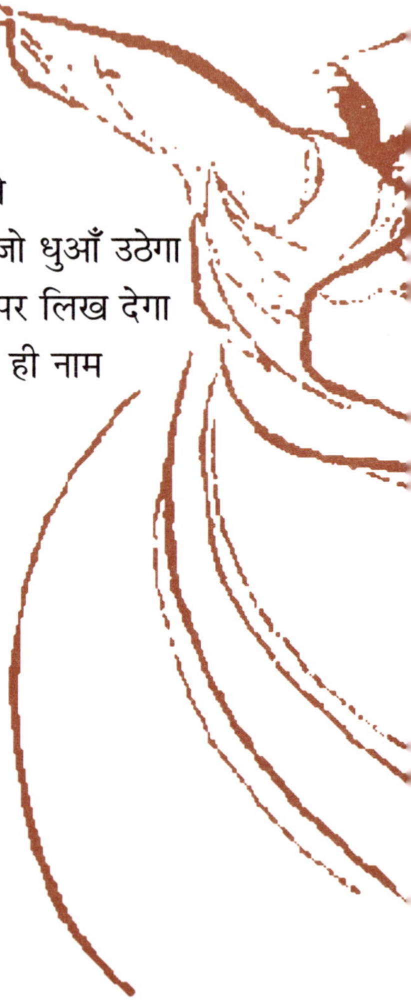

निर्मल जल ने गँदले पानी से कहा–
मेरे पास आ जाओ
उसने कहा–मुझे लाज आती है
निर्मल जल ने कहा–
तुम्हारी लाज मेरे पास आने से ही धुल पाएगी

दिल से जो पुकार उठती है
वही असली आवाज़ है
बाक़ी जो कुछ सुनाई देता है
वह उसी की अनुगूँज है

तुम्हारा हृदय एक क़ब्र के समान है
कैसे पहुँचेगी उसमें प्रकाश की स्वर्णिम किरण
वहाँ तो घुप अँधेरा है, सुनसान है

इस क़ब्र से उठना ही होगा

मुझे प्यासा ही रहने दो
मत दो मुझे जल
देना है तो मुझे अपने प्यार की एक बूँद दे दो
तभी बुझेगी मेरी प्यास

प्रियतम की उँगलियों में
क़लम के समान है मेरा हृदय
आज न जाने क्या लिखे
कल न जाने क्या

क़लम तो प्रियतम के
इशारे पर चलती है

अपने इन कानों में
रूई भर लो
तभी सुन पाओगे
अंतरात्मा की आवाज़

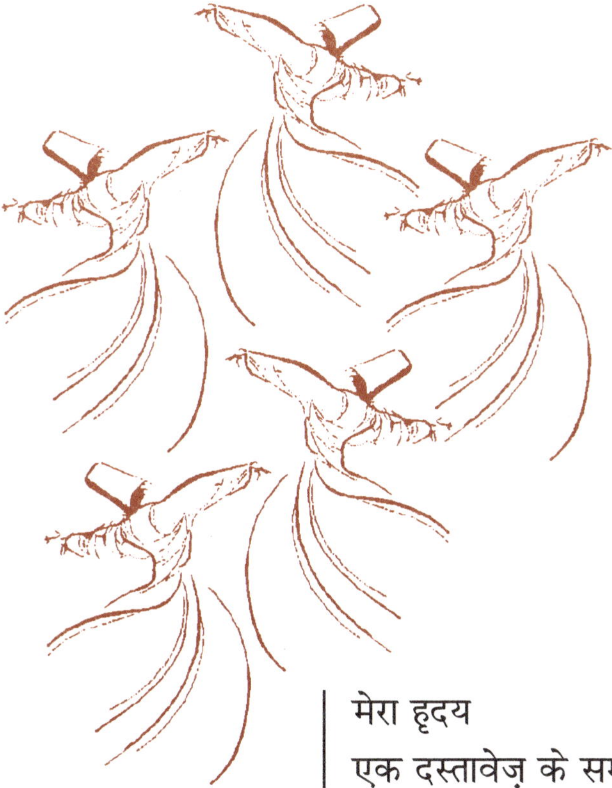

मेरा हृदय
एक दस्तावेज़ के समान है
बस एक ही वाक्य लिखा है—
'मुझे छोड़कर मत जाना'

आज पूर्णमासी है
आज आकाश पर पूरा चाँद है
तुम भी चाँद का टुकड़ा हो
चाँद को कसकर पकड़े रहो

पहाड़ों पर जमी बर्फ़
लगातार बुदबुदा रही है—
देखना, मैं पिघल रही हूं
एक दिन तूफ़ानी नदी बन जाऊंगी
मैं उसी का तो अंश हूँ

जो कुछ हम करते हैं
जो कुछ हम कहते हैं
वह तो बाहरी सफ़र है
ज़िंदगी के झाड़–झंखाड़ भरे
रास्ते पर चलने के समान

असली सफ़र तो
आकाश पर, बादलों पर, चलना है
जैसे ईसामसीह समुद्र की लहरों पर चले थे

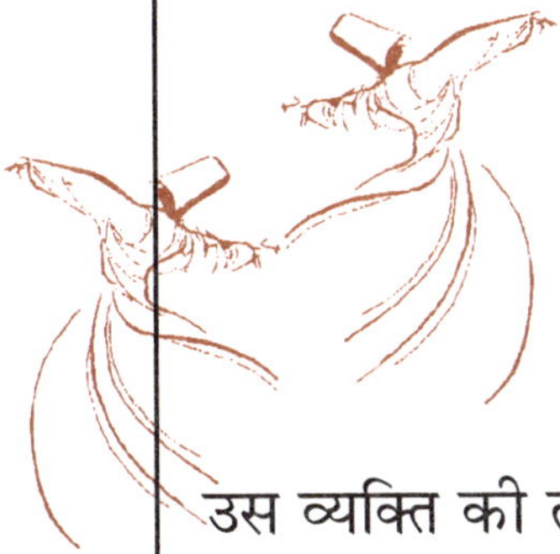

उस व्यक्ति की तरह मत बनो
जो रेत के ढेर में सिर छुपाए बैठा है

सूर्य की लालिमा
और
चाँद की धवल चाँदनी
तभी देख पाओगे
जब सिर उठाकर देखोगे
उसकी ओर

तुम कहती हो
मैं बूढ़ा हो चला हूँ
मैं तो कभी युवा था ही नहीं
मैं तो अपने जन्म के समय से ही नवजात हूँ

मैं तो बिन पिये ही
मदिरा के नशे के समान हूँ
जो तुम्हारे अन्दर मचल रहा है

हृदय से अपनी हस्ती का काँटा निकाल दो
चुपके-चुपके अपनी अंतरात्मा के गुलाब खिलने दो

चुप होकर देखो, अभी वह सारे आकाश को
अपनी आभा से रंजित कर देगा

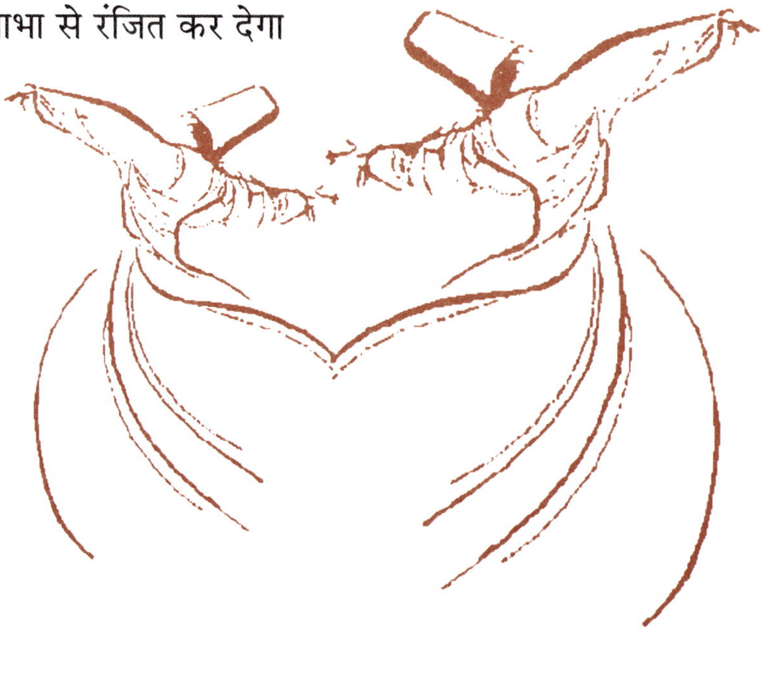

मत करो स्वर्ग की बात मुझसे
स्वर्ग तो भक्तजनों के लिये होता है
मैंने तो कभी भी साधना में विश्वास नहीं रखा
तुम मेरे पास हो तो मुझे स्वर्ग की तलाश क्यों हो
तुम्हीं मेरा स्वर्ग हो

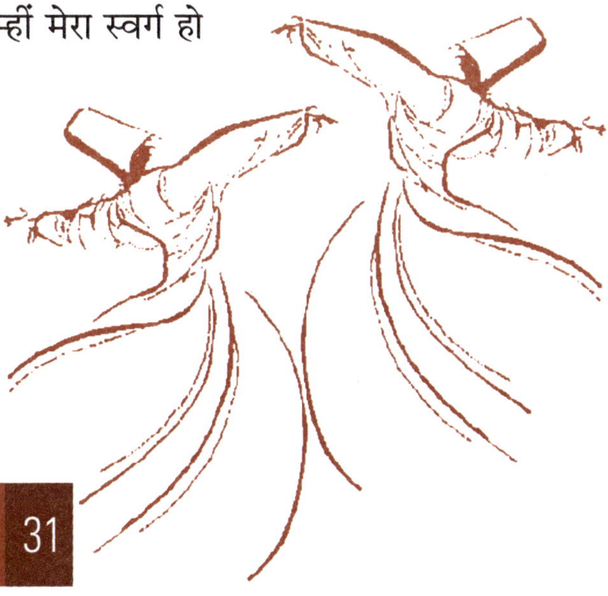

हर पल बुलबुल गाती है तुम्हारे ही मधुर स्वर में
तुम्हारे नृत्य का संगीत हवा में गूँजता रहता है
नदी की उफ़नती लहरों में तुम्हारी छवि झलकती है
और वसन्त के फूलों में भी

जिसे तुम खोज रहे हो
उसे पाओगे अवश्य एक दिन

तुम्हारी चाल तेज़ है या मन्द
खोज में चलते रहो निरंतर
थके-हारे होने पर भी
कमर दोहरी हो जाने पर भी
एक-एक कदम घसीट कर भी
चलते रहना है
उसकी खोज में

महान संतों ने तुम्हारे लिए ही
मोमबत्तियां जला रखी हैं
ताकि तुम्हारे रास्ते का अंधेरा
दूर हो पाए

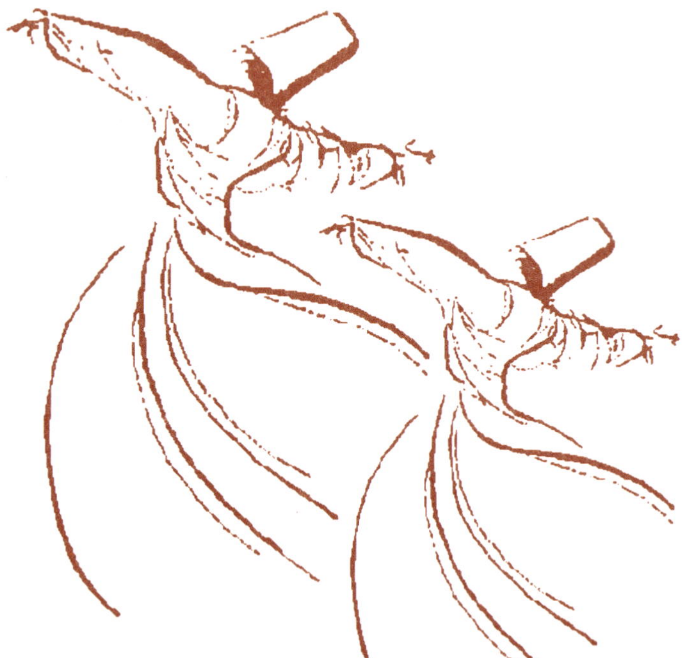

उसने तुम्हें स्पर्श किया
तुम्हारे पंख निकल आए
विस्तृत आकाश में उड़ने के लिए

जब तुम उसके गीत गाते हो
तो स्वर्ग तुम्हारे हृदय में ही
उतर आता है

उससे दूर होना
गहरे कुएँ में गिरने के समान है
और उसका गुणगान
बाहर निकलने की मज़बूत डोरी

मौन हो जाओ
मौन द्वारा ही
दिव्य संगीत सुन पाओगे
उस अदृश्य से मिल पाओगे

जैसे बच्चे खिलौने
के लिए ललचाते हैं
तुम्हें ललचाना चाहिए
संयम पाने के लिए

स्वयं स्वामी बनने की बात छोड़ो
उसके आज्ञाकारी अनुचर
बनने का प्रयत्न करो

अपनी हस्ती को
आईने में ढूँढ़ रहे हो

तुममें कुछ हो तो
आईने में दीखे

बहुत पहले से ही छोड़ चुका हूँ
यह संसार और स्वर्ग भी
समय की सीमा से दूर
असीम में विचर रहा हूँ
सब पूछते हैं—कहाँ है तुम्हारा ठिकाना
क्या कहूँ
निःशब्द हूँ मैं
अनिकेतन हूँ मैं

औपचारिक पार्थना
एक सीमित ढाँचा है
उसका एक प्रारंभ होता है
एक अंत भी
और कुछ बने–बनाये शब्द

इन सब से मुक्त होना है
उस असीम में समा जाना है
अपनी निःशब्द प्रार्थना के माध्यम से

प्रार्थना में न तो शरीर
को झुकाने की आवश्यकता है
न दण्डवत् करने की

प्रार्थना
सोते–जागते
चलते, रुकते, बैठते
हर समय, हर साँस में
रहनी चाहिए

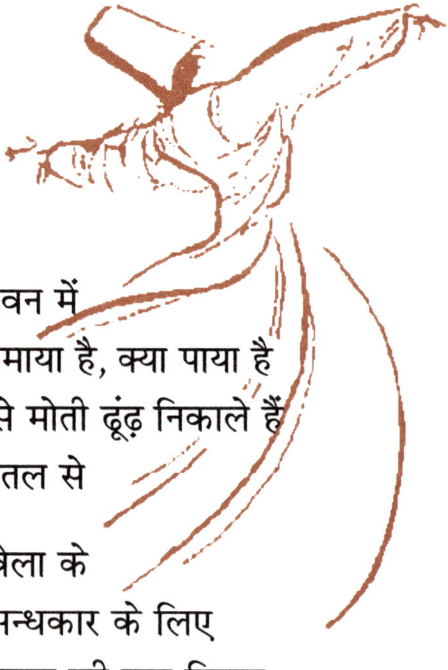

इस जीवन में
क्या कमाया है, क्या पाया है
कौन-से मोती ढूंढ़ निकाले हैं
सागर-तल से

मृत्यु-वेला के
गहन अन्धकार के लिए
क्या प्रकाश की एक किरण
सहेज रखी है तुमने

तुम्हें सोना तौलने के लिए
काँटा चाहिए
पर तुम्हारे पास सोना है ही कहाँ

बुढ़ापे से काँपते हाथों में
नाम मात्र सोना लिए
उसे तौलने के लिए
काँटा ढूँढ़ रहे हो
दर-बदर भटकते हुए

ईश्वर की सृष्टि
चारों ओर व्याप्त है
जिसे सब देख पाते हैं

परन्तु ईश्वर की दृष्टि
जो सब के अस्तित्व
में व्याप्त है
उसे कितने देख पाते हैं

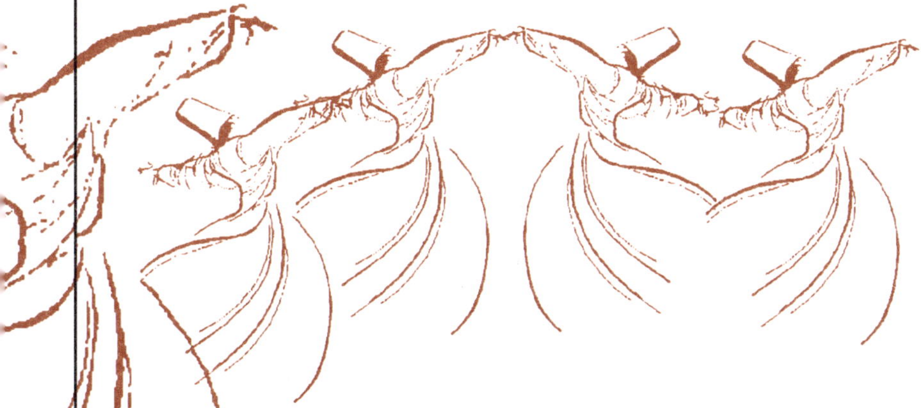

परमात्मा ने एक सीढ़ी
रख छोड़ी है हमारे पाँव के पास
ताकि हम
एक-एक क़दम ऊपर जा सकें
तुम्हारे पाँव अच्छे-भले हैं
हाथ भी मज़बूत हैं सीढ़ी पकड़ने के लिए

जो कुछ भी संसार में
मीठा, मधुर, मोहक लगता है
उसके स्वाद में भी कहीं
कड़वापन रहता है

केवल परमात्मा ही
मीठा, मधुर, मोहक है

एक कारागार है
यह संसार
और हम सब क़ैदी हैं

तोड़ो, तोड़ो, इस कारा को
और मुक्त हो जाओ

किसलिए हैरत में हो
कि तुम कहाँ से आए हो
इस जन्म से पहले कहाँ थे तुम
यह रहस्य
तो आकाश में छाए
गहरे बादलों में छिपे
सूरज के समान है

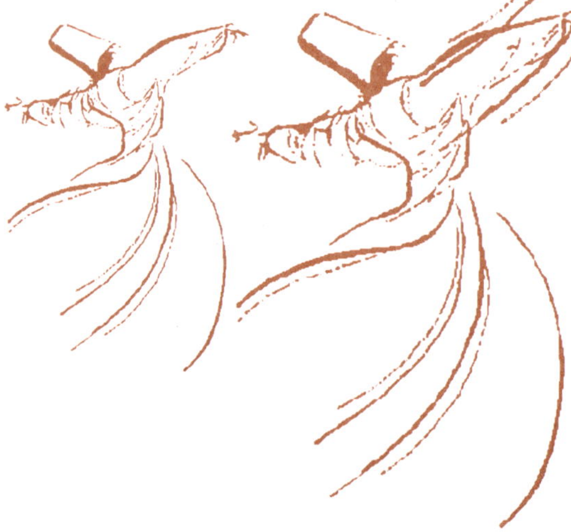

मेरी क़ब्र पर
वियोग के आँसू मत बहाना
मेरे लिए तो
यह वियोग प्रियतम से मिलन है
मुझे 'अलविदा' भी मत कहना
मेरी यात्रा अनन्त है
मुझे अनन्त में समा जाने दो

सूर्य की किरणें दीवार पर पड़ीं
घर की दीवारें उनकी आभा से चमक उठीं

दीवारों की इस चकाचौंध का मोह छोड़ो
प्रकाश के मूल स्रोत
की ओर मुँह मोड़ो

तुम कहते हो
हर वस्तु का मूल्य जानते हो
क्योंकि इसका लेन–देन करते हो

लेकिन कहाँ जानते हो अपना ही मूल्य

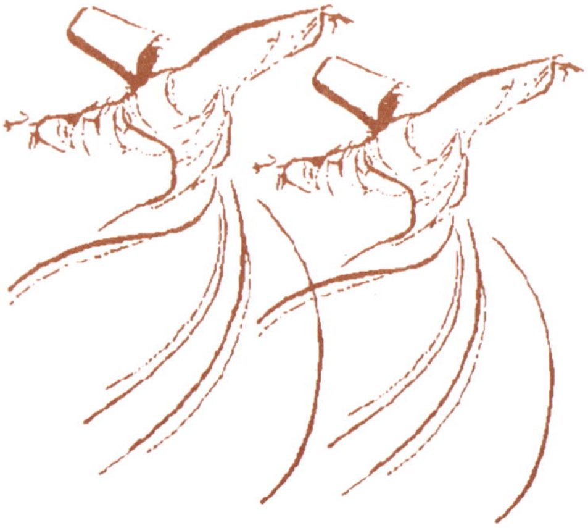

शुभ–अशुभ ग्रहों
का भेद तो जानते हो
लेकिन
कहाँ जानते हो
तुम स्वयं
कितने शुभ हो, कितने अशुभ

बुद्धि दो तरह की होती है–
एक,
जो पुस्तकों के ज्ञान से
स्मृति से, तर्ककौशल से अर्जित है
दूसरी,
जो ईश्वर से वरदान के रूप में
प्राप्त होती है
निर्मल जल की भाँति
जो कभी गंदला नहीं होता

गुलाब का फूल
झुकता नहीं
कभी भी काँटों के सामने

झुकना नहीं
हमें भी अज्ञानियों के सामने

मेरे मरने पर
कभी मेरी समाधि पर आना हो तो
हँसते-हँसते आना
ईश्वर के दरबार में
रोने वालों का प्रवेश वर्जित है

मत सोचो
जो कुछ कर रहे हो
उसका फल नहीं भुगतना पड़ेगा

छुटकारा नहीं होगा
यह कहकर कि यह सब
अनजाने में, सोये-सोये में हुआ

आत्मा कहती है
शरीर से—
'मुझे बनवास मिला है'
शरीर कहता है—
'मेरे लिए यही स्वर्ग है'

दूसरों की ज़मीन पर
अपना घर मत बनाओ
अपनी ज़मीन ख़ुद तैयार करो

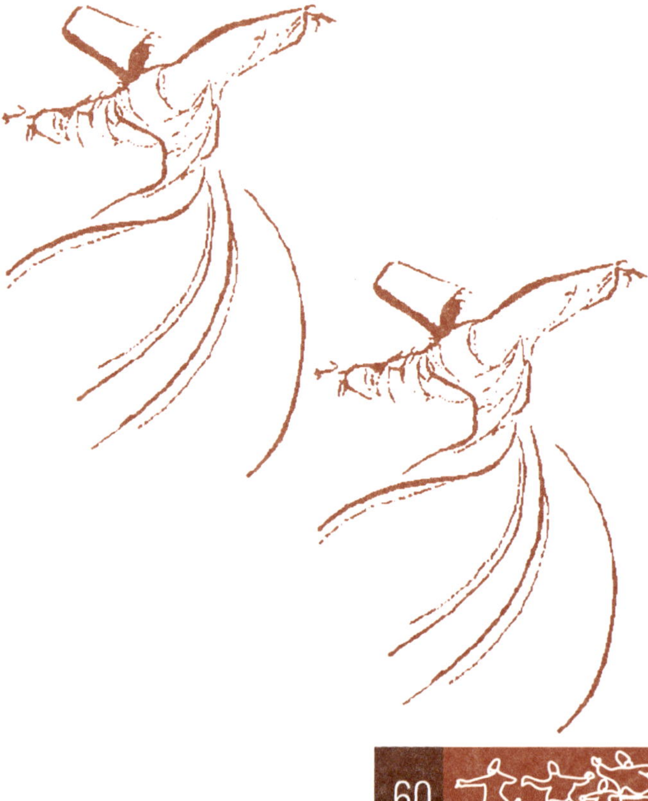

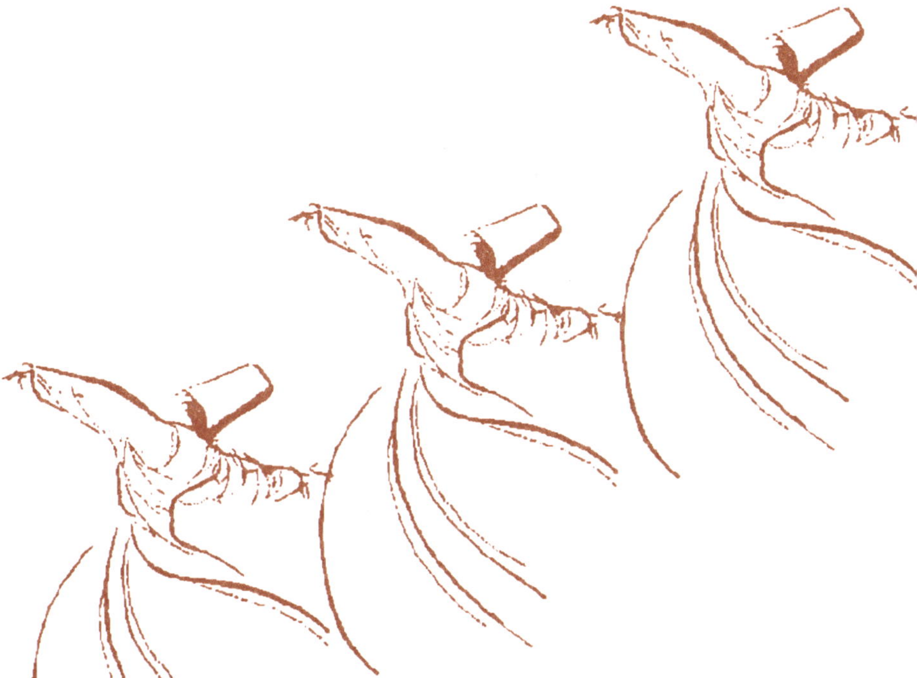

प्रलय की प्रतीक्षा नहीं करनी होती
कर्मों के फल के लिए

ध्यान से देखो
प्रतिदिन इसी जीवन में
यह हो रहा है

शरीर तो दीखता है
आत्मा कहीं छिपी हुई है
जैसे क़मीज़ तो नज़र आती है
पर उसके अंदर छिपी बाँह नहीं

शुरुआत होती है
ज्ञान से
जिसकी परिणति होती है
कर्म में

जैसे शुरुआत होती है
बीज बोने से
और परिणति होती है
वृक्ष के मीठे फलों में

निरन्तर तलाश
अपनी ही
अपने अंदर
उद्देश्य है, इस जीवन का

ढूँढ़ोगे
तो एक न एक दिन
पाओगे ही

परदेशी हो तुम
अजनबी हो
अपने ही देश में
अपनों ही के बीच

ठीक है
तुम बड़े विद्वान् हो
सब कुछ जानते हो
फिर भी, देखो
संसार और समय
कैसे प्रतिदिन परिवर्तित हो रहे हैं

कला–कौशल
में कुशलता प्राप्त की
इसलिए कि
काम–धन्धा कर सको
अपनी और परिवार की देखभाल कर सको

अब सीखो
वह कला–कौशल
जिससे अपने अस्तित्व की देखभाल कर सको

बच्चे भी कई बार
दुकान लगाने का खेल खेलते हैं
लेन–देन की नक़ल करते हैं
कोई ग्राहक, कोई दुकानदार
न कोई सच, न कोई सार

ऐसे ही तुम हो
ऐसे ही है तुम्हारा संसार

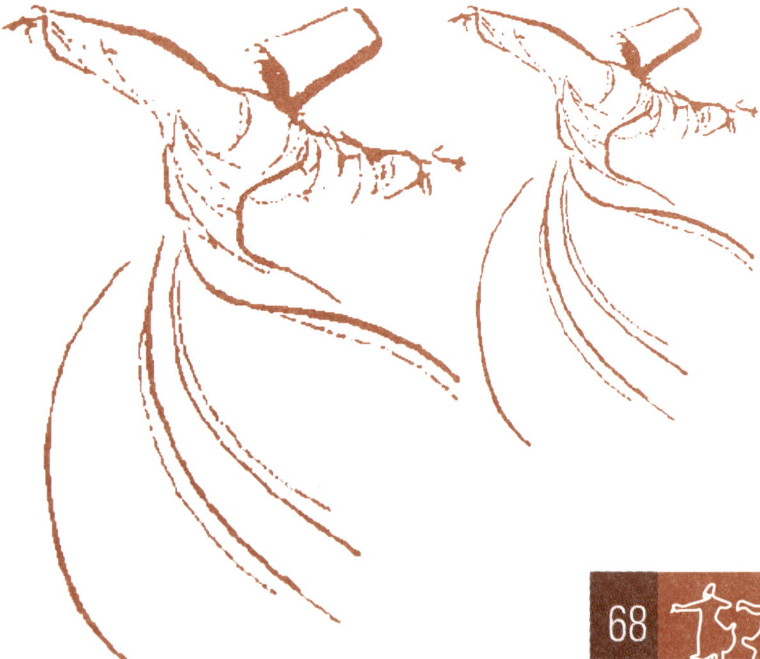

तुम बहुत कुछ जानते हो
अपने को विद्वान् मानते हो
परन्तु इतना कुछ जानकर भी
अनजान हो तुम

सभी डरते हैं
मृत्यु से
केवल सूफ़ी ही नहीं डरते
वे तो मृत्यु के नाम पर
मस्ती में अट्टहास करते हैं

जीवन का रहस्य
पता चल जाए
तो कौन
रहना चाहेगा
इस मायावी संसार में

तुम्हारा हृदय
ही भेद सकता है
जीवन के इस रहस्य को
कैसे हुई शुरुआत
कैसे होगा अंत

बेकार में ही रही इतनी भागदौड़
कोई परिणाम, कोई प्रतिफल
तो मिला नहीं

उलझा रखा है सबको मायाजाल में
सच क्या है
यह भी तो पता चले

रस तो फल में रहता है
गुठली में नहीं

शरीर गुठली के समान है
रस आत्मा है

क्यों स्वयं ही मोहित हो
अपनी बुद्धि पर
अपने को बुद्धिमान मानकर

तुम्हारी बुद्धि मात्र एक हल्की-सी किरण के समान है
जो चमक उठती है
सूर्य की आभा से

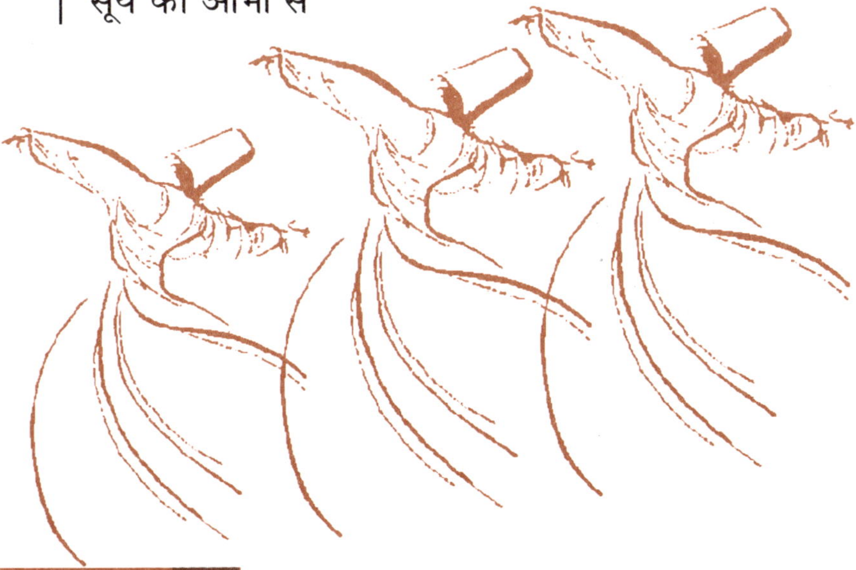

शरीर तो आत्मा का
आवरण है
वैसे ही
जैसे बच्चे के लिए
माँ का आँचल

ज़मीन सच्चा सौदा करती है
जैसा बोओगे, वैसी ही फ़सल मिलेगी
यह भी तभी हो पाता है
जब करुणाकर की करुणा की
बरसात हो

जो कोई भी
अहंकार की सीढ़ी पर चढ़ेगा
एक दिन नीचे गिरेगा अवश्य

जितना ऊँचा चढ़ेगा
उतनी अधिक चोट आयेगी
गिरने पर

जितने व्यस्त रहोगे
सांसारिक कामों में
उतने ही दूर रहोगे
आध्यात्मिक जगत् से

जब तक उससे लौ नहीं लगेगी
तब तक उसके द्वार तुम्हारे लिए
बंद ही रहेंगे

फूलों की जो सुगंध
चारों ओर व्याप्त है
ईश्वर की व्यापकता
की सुगंध ही तो है

इस संसार का सौन्दर्य कहां छिपा है?
हमारे हृदय में छाए
बसंत की तरह
अथवा
नदी में प्रतिबिंबित लताओं की
झिलमिल छाया की तरह

अन्य रोगों से कहीं भिन्न है
प्रेम का रोग
एक रहस्य ही है अपने में

यही रोग तो
अंततः प्रियतम की ओर
ले जाता है

ईश्वर का गुणगान
मधुर संगीत है भक्तजनों के लिए
वही संगीत दूसरों के लिए
मात्र कोलाहल

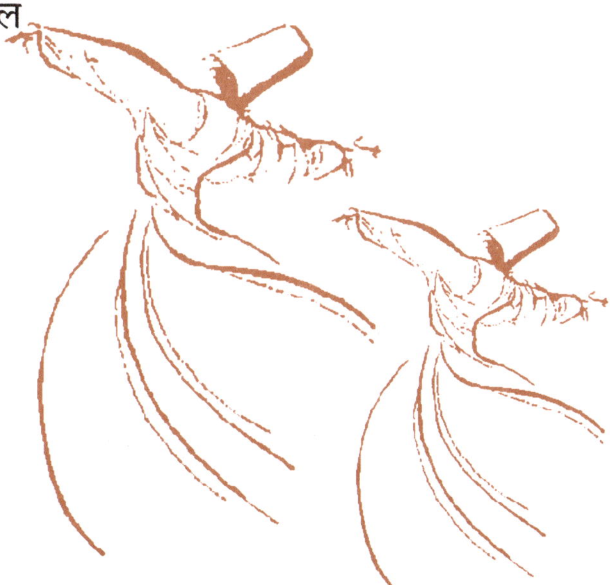

विश्वास और समर्पण
अर्थात्
आनन्द और उल्लास का जीवन

मन की खिड़कियाँ खुल जाती हैं
फिर, प्रकाश ही प्रकाश

यह संसार एक अदालत है
ईश्वर न्यायाधीश
हम पेश होते हैं यहाँ
प्रमाणित करने के लिए कि
हमने उसके आदेशों का पालन किया है
अथवा नहीं
हमारा अपना प्रमाण बन जाता है
हमारा सच-झूठ सिद्ध करने के लिए

हम जो कहते हैं, जो करते हैं
उससे प्रत्यक्ष होता है
हमारे अंतस् का सच
वही है हमारे जीवन
का लेखा-जोखा

जब वह वापस ले लेता है
अपनी कृपा का प्रसाद
खिले हुए फूल धीरे-धीरे सूखने लगते हैं
जीवन के दिन-रात भी व्यर्थ लगने लगते हैं

इस संसार के स्त्रष्टा
को तो देख नहीं सकते
वह निराकार है

हाँ, उसकी सृष्टि को तो
देख पाते हैं
यह भी तभी
यदि स्त्रष्टा के निकट
तक पहुँचने का प्रयत्न करें

बहाव है, तभी लहरें उफ़नती हैं
आँधी चलती है, तभी गर्दो-ग़ुबार है

न हम बहाव को देख पाते हैं
न आँधी को
उनके प्रभाव को देख पाते हैं
प्रत्यक्ष के पीछे जो परोक्ष है
उसे कहाँ देखते हैं

इस संसार
का सारा सौन्दर्य और विस्तार
उसके कारण है
वास्तव में उसी का प्रतिरूप है

जो कुछ चारों ओर बिखरा पड़ा है
निर्मल जल के समान है
जिसमें उसकी प्रतिछाया
झलक रही है

ईश्वर एक उज्ज्वल नक्षत्र
के समान ही इस जल में चमक रहा है
नदी निरन्तर बह रही है, कभी धीमी, कभी तेज़ गति से
परंतु नक्षत्र तो सदा ही
निर्मल जल में प्रतिबिंबित रहेगा।

मिट्टी का है
पृथ्वी का बाहरी स्वरूप
अन्दर तो दिव्य प्रकाश है
बाहरी और भीतरी स्वरूप में
संघर्ष चलता रहता है
जैसे सीपी और उसके अन्दर छिपे
मोती में

परन्तु अन्ततः एक दिन
सीपी से मोती निकलेगा ही

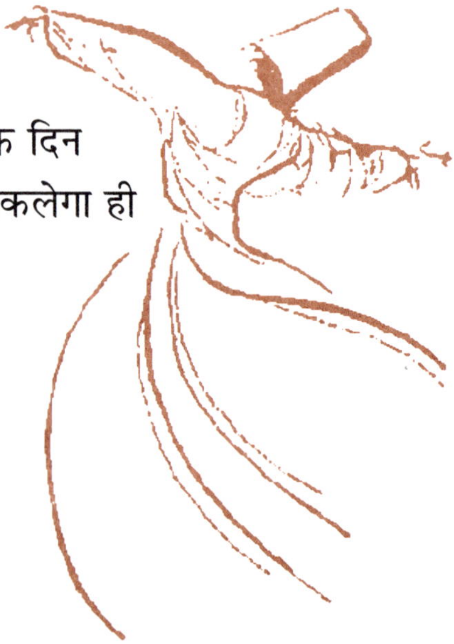

जैसे बच्चा
माँ के गर्भ में पलता है
और जन्म लेता है
वैसे ही
आत्मा शरीर में पलती है
कब प्रकट होगी
कौन कह सकता है

मृत्यु भी
एक तरह से नया जन्म है
छुटकारा है
वासनाओं के कारागार से
और
स्वतन्त्र होते हैं हम
अपने प्रियतम से
मिलने के लिए

माँ के लिए
बच्चे का जन्म
भीषण प्रसव-वेदना है
बच्चे के लिए यही वेदना
गर्भ से मुक्ति

भूचाल से
कारागार की दीवारों का टूटना
क़ैदियों की मुक्ति का मार्ग

वे दुखी नहीं होते
कि इतनी सुन्दर दीवारें गिर गईं

वैसे ही
शरीर की दीवारों से मुक्त होने का अर्थ है
आत्मा की मुक्ति

सपने में
आप स्वर्गलोक की सैर कर रहे हैं
कितना अच्छा लगता है
इस तरह स्वर्ग में विचरना

जैसे ही नींद टूटती है
स्वप्न बिखर जाता है
और अपने को पहले
की तरह बंधनों में जकड़ा पाते हैं
इसी मर्त्यलोक में

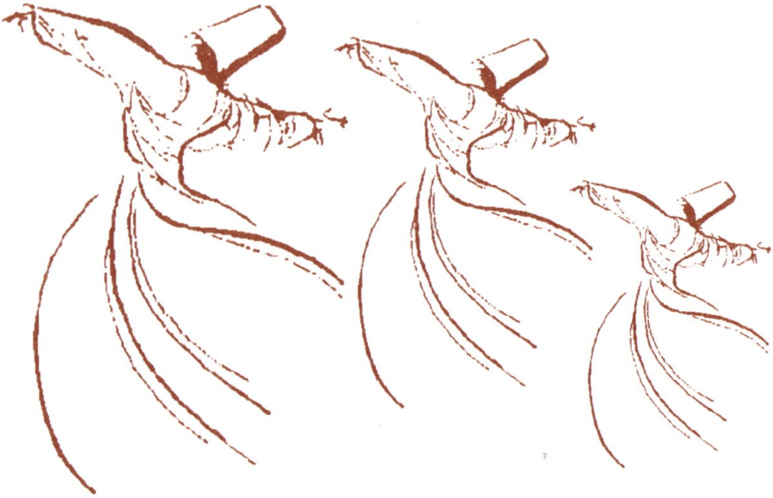

व्यक्ति सोचता है
यदि मृत्यु न होती तो जीवन कितना
आनन्दमय होता
परन्तु
मृत्यु तो नया जीवन है
नई सृष्टि है
नई उमंग है
अन्यथा,
एक ही अंतहीन जीवन में सड़ते–गलते रहते

समय हाथ से निकला जा रहा है
जल्दी करो
अब तो केवल
कुछ क्षण ही शेष हैं
आनन्दलोक में जाने के लिए

पहले पशु
फिर मनुष्य
फिर देवता में समा जाना
यही है अनन्त यात्रा का क्रम

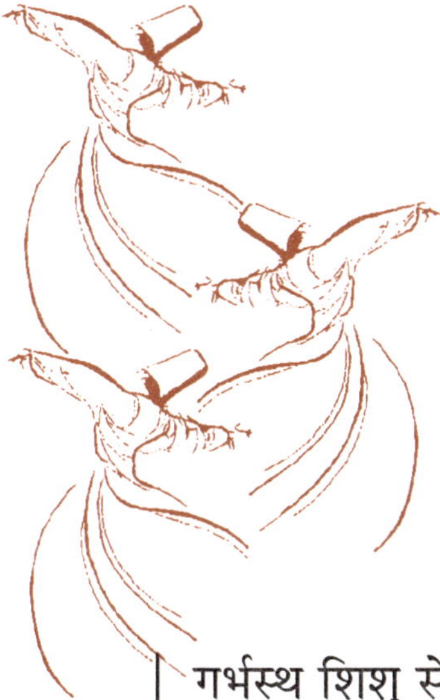

गर्भस्थ शिशु से
कोई कहे कि बाहर की दुनिया
बड़ी रंगीन है
शिशु न सुनेगा, न समझेगा

जब संत जन कहते हैं
दिव्य लोक बहुत सुन्दर है, रसमय है
हम भी न सुनते हैं
न समझ पाते हैं

सारे बोझ हट गए हैं आज
कोहरा छंट गया है
हृदय–निर्मल आकाश

दिव्य प्रकाश की किरण जगमगा रही है
मेरे अन्दर

अपनी वासनाओं को दबाओ
अपने विश्वास को जगाओ

जहाँ वासनाएँ हैं
वहाँ विश्वास कैसे आ पाएगा
वासनाएँ तो ताला लगा देती हैं
विश्वास पर

प्रार्थना करते-करते
मैं स्वयं प्रार्थना हो गया हूँ
अब जो भी मुझे मिलता है
प्रार्थना का अवदान माँगता है

तुम्हारे हृदय को
तुम्हारे हृदयरूपी पक्षी को
उड़ान भरने की शक्ति
उसी से मिलेगी
उसी की निरन्तर पुकार से

शत्रुओं की सेना को चीरकर
विजय प्राप्त करना आसान है
अपने पर विजय पाना ही कठिन

अर्चना और प्रार्थना
इसलिए नहीं
कि तुम अपने को उसके निकट समझो
इस तरह तो तुम
उससे और ही दूर हो जाओगे

जब मैं पुकारता हूँ ‘हे ईश्वर!’
प्रतिध्वनि गूँजती है—‘मैं तो तेरे पास हूँ’

स्थापित 1912
100 वर्षों की
श्रेष्ठ प्रकाशन परम्परा
राजपाल

राजपाल एण्ड सन्ज़ की स्थापना एक शताब्दी पूर्व 1912 में लाहौर में हुई थी। आरम्भिक दिनों में अधिकतर धार्मिक, सामाजिक और देश-प्रेम की पुस्तकें प्रकाशित होती थीं और हिन्दी के अतिरिक्त अंग्रेज़ी, उर्दू व पंजाबी भाषा में भी पुस्तकें प्रकाशित की जाती थीं।

1947 में भारत-विभाजन के बाद राजपाल एण्ड सन्ज़ को नए सिरे से दिल्ली में स्थापित किया गया और साहित्यिक पुस्तकों के प्रकाशन का आरम्भ हुआ। रामधारी सिंह दिनकर, महादेवी वर्मा, बच्चन, अज्ञेय, शिवानी, आचार्य चतुरसेन, विष्णु प्रभाकर, राजेन्द्र यादव, मोहन राकेश, रांगेय राघव, कमलेश्वर और अन्य साहित्यिक लेखकों की कृतियाँ यहाँ से प्रकाशित होने लगीं। राजपाल एण्ड सन्ज़ से प्रकाशित *मधुशाला, कुरुक्षेत्र, मानस का हंस, आवारा मसीहा, कितने पाकिस्तान, आषाढ़ का एक दिन* जैसी पुस्तकें हिन्दी साहित्य की 'क्लासिक पुस्तकें' मानी जाती हैं और आज भी लोकप्रियता के शिखर पर हैं। भारत के राष्ट्रपतियों और प्रधानमंत्रियों की पुस्तकें प्रकाशित करने का गौरव भी राजपाल एण्ड सन्ज़ को प्राप्त है। नोबेल पुरस्कार से सम्मानित अर्थशास्त्री डॉ. अमर्त्य सेन की सभी पुस्तकों के हिन्दी अनुवाद यहाँ से प्रकाशित हैं। अन्तरराष्ट्रीय चर्चित पुस्तकों के अनुवाद, विश्वविख्यात कोशकार डॉ. हरदेव बाहरी द्वारा सम्पादित 'राजपाल' शब्दकोशों की श्रृंखला और किशोरों के लिए सैकड़ों पुस्तकें राजपाल एण्ड सन्ज़ से प्रकाशित हुई हैं।

पाठकों के स्वस्थ और सुरुचिपूर्ण मनोरंजन और ज्ञानवर्धन के लिए समर्पित राजपाल एण्ड सन्ज़ से हिन्दी और अंग्रेज़ी में पुस्तकें प्रकाशित होती हैं जो देश के सभी बड़े पुस्तक-विक्रेताओं और विश्व भर के ऑनलाइन विक्रेताओं के यहाँ उपलब्ध हैं।

राजपाल एण्ड सन्ज़

1590 मदरसा रोड, कश्मीरी गेट, दिल्ली-6, फोन: 011-23869812, 23865483
email: sales@rajpalpublishing.com, facebook: facebook.com/rajpalandsons
website: www.rajpalpublishing.com

विश्वनाथ जी की अन्य लोकप्रिय पुस्तकें

आलाप

'आलाप' विश्वनाथ जी का नया कविता-संग्रह है। इन कविताओं की संवेदनात्मक गहराई मन को स्पर्श कर जाती है। जीवन की दहलीज़ पर खड़े होकर इन कविताओं में कवि अपने साथ आलाप करते दीखते हैं। इस आलाप में कभी विदा होने की आतुरता दीखती है तो कभी असीम आकाश को छूने की ललक। वैराग्य और जिजीविषा के बीच का द्वन्द्व इन कविताओं का मूल स्वर है। कवि नट की तरह जीवन की तनी हुई रस्सी पर चलते हुए आसक्ति और विरक्ति के बीच रास्ता बनाते आगे बढ़ते दिखाई देते हैं। कवि को लौटने की वेला की इन्तज़ारी है, पटाक्षेप की प्रतीक्षा है और हर तरह की मान्यताओं, प्रतिष्ठा, औपचारिक सम्बन्धों से मुक्त होकर अनजाने रास्ते अकेले चले जाने की तैयारी है; मगर दूसरी ओर कवि को इसका अहसास है कि काम से अवकाश नहीं मिलता, यहाँ तक कि महीने में तीस दिन कैसे गुज़र जाते हैं इसका कोई पता ही नहीं, बस काम ही काम। विश्वनाथ जी ने कम लिखा है परन्तु इस अल्पता में उन्होंने जीवन की लयात्मकता से हमें जोड़ा है और उसकी दार्शनिक अतलस्पर्शिता को बखूबी शब्द दिया है।

ISBN : 9788170289074
पृष्ठ : 128

विश्वनाथ जी की अन्य लोकप्रिय पुस्तकें

अंतरा

विश्वनाथ जी की कविताओं में जीवन के अमृतोत्सव की सहज अनुभूति और मार्मिक अन्तर्दृष्टि की झलक देखने को और आहट सुनने को मिलती है।

विश्वनाथ जी की कविताएँ उनकी अपनी हाइकू शैली में विचारप्रवण भाषा और अल्पतम शब्दों में लिखी गई हैं। प्रस्तुत कविताएँ स्वभावत: मितभाषी और मृदुभाषी हैं। उनमें अपने आप को खोजने और पाने का एक सहज चिन्तनशील एवं सर्जनात्मक उपक्रम है। उस खोजने, पाने और कहने की प्रक्रिया में एक दार्शनिक अंदाज़ेबयाँ है और काव्यात्मक सार्थकता है, जिसकी मैं हृदय से सराहना करता हूँ। कवि विश्वनाथ की कविता में उनका खोजा और पाया हुआ सच केवल उनका ही सच नहीं, सर्वमान्य का सच भी है, उनके अपने जीवन के आठ दशक का ही नहीं बल्कि असीम समय का कालातीत और सार्वभौम सच भी है।

ISBN : 9788170286219

पृष्ठ : 90

Musings

"There comes a time in most thinking people's lives when they begin to ask themselves about the meaning and purpose of their existence. I am not surprised that my friend Vishwanath, now in the 92nd year of his life and with much achieved should ask himself these very questions and put his posers for answers into lyrical prose and verse.

Having questioned his own existence, the poet goes on to problems of the ego, his loneliness among milling crowds, his closeness to his mother and his partner in life. It appears that pent up emotions burst the bounds behind which they had been contained for nine decades and now flow unchecked. Other emotions also find expressions: watching a turbulent sea with wave after wave crashing on the shore, a winter's day in the mountains with snow-flakes covering the landscape and much else..."—Khushwant Singh

ISBN : 9788170289463

Pages : 100